AF194321

Gedichte
über das Leben im Dorf

Gedichte

Band 13

Nicole Sunitsch

Bibliografische Information der Deutschen Nationalbibliothek:
Die Deutsche Nationalbibliothek verzeichnet diese Publikation in
der Deutschen Nationalbibliografie;
detaillierte bibliografische Daten sind im Internet über
http://dnb.dnb.de abrufbar.

© 2021 Nicole Sunitsch

Herstellung und Verlag:
BoD – Books on Demand, Norderstedt

1. Auflage: November 2021
ISBN: 978-3-7543-9596-7

Titel/Idee: Nicole Sunitsch
Cover: Nicole Sunitsch
Bilder: Gordon Johnson
Gedichte/Zitate: Nicole Sunitsch
Korrektorat: Elisabeth Michl

Vorwort

Liebe Leserinnen und Leser!

Entstanden sind die meisten Gedichte zwischen 2020 und 2021. Der Gedichteband ist die vierzehnte Buchveröffentlichung von Nicole Sunitsch. In ihren Texten beschreibt die Autorin persönliche Eindrücke, Erlebnisse aber auch politische und soziale Erkenntnisse sind darin enthalten. Die Gedichte berühren und entführen zurück zum Ursprung, wie es früher einmal war.

Dorfleben

In unserem Dorf, da fühlen wir uns gut,
die Gemeinschaft gibt uns allen Mut.
Unser Dorf besteht aus Liebe und Beziehung,
alle helfen, ob alt ob jung.
Wir leben nach Normen und Strukturen,
sind auf unsere Vorfahren stolz und ihre Spuren.

Nach der Arbeit haben wir für die Familie Zeit,
inzwischen erledigt die Frau die Hausarbeit.
Mittlerweile ist unser Dorf gewachsen,
wir machen auch im hohen Alter noch viele Faxen.
Vielleicht glaubt ihr,
ich meine hier Bad Tölz,
doch mein Lieblingsort heißt Niederwölz.

Der Bauer

Der Bauer steht vor seinem Feld,
er jedes Korn als Münze zählt.
Auf die Aussaat wird viel gehalten,
da sind die Meinungen nie gespalten.

Denn ist die Saat nicht gut,
verlieren die Bauern oft den Mut.
Dann gibt es nur Milch und wenig Brot
und das reicht nur für die Not.

Vielmehr würden sie sich über eine
gute Ernte freuen,
das können sie mit vielen Gebeten
und Gott bezeugen.

Die Bauern arbeiten sehr hart,
deswegen verdienen sie immer eine gute Saat.

Bächlein

Bächlein, Bächlein am Wegesrand,
mir geht es gut, du hast es erkannt.
Das Wasser plätschert mir leise zu,
meine Seele kommt langsam zu Ruh´.

In Gedanken vertieft höre ich das Wasser fließen,
ich sehe die Blumen zur Sonne sprießen.
Der Wind streift durch das Haar,
meine Seele ist der Natur ganz nah.

Eine Zeit lang bleibe ich auf dieser Stelle,
ich trinke Wasser aus der Quelle.
Dann sehe ich mein Spiegelbild verzehrt
das mir leise flüstert;
an dir ist nichts verkehrt.

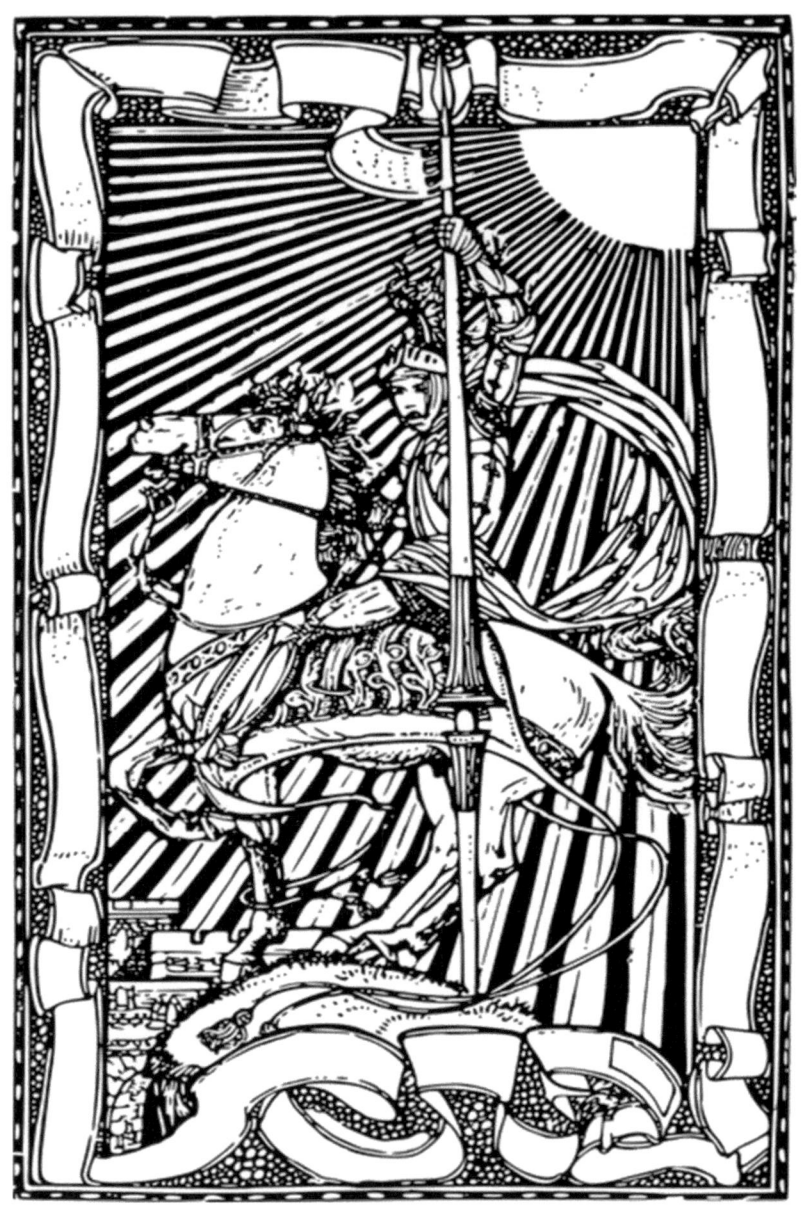

Neuwahlen

Neuwahlen stehen bald an,
nicht jede Partei gewinnen kann.
Doch langsam schreiten wir vor,
wir kommen immer näher zum Tor.

Bald haben wir die Spitze erreicht,
viele Menschen mit unseren Herzen erweicht.
Irgendwann können wir gemeinsam regieren,
ohne dass Gedanken, Gefühle erfrieren.

Nicht alles werden wir gleich ändern können,
wahrscheinlich wird es uns nicht jeder gönnen.
Falls diese Zeilen euer Interesse wecken,
lasst uns endlich wieder das Heimatfeuer entdecken.

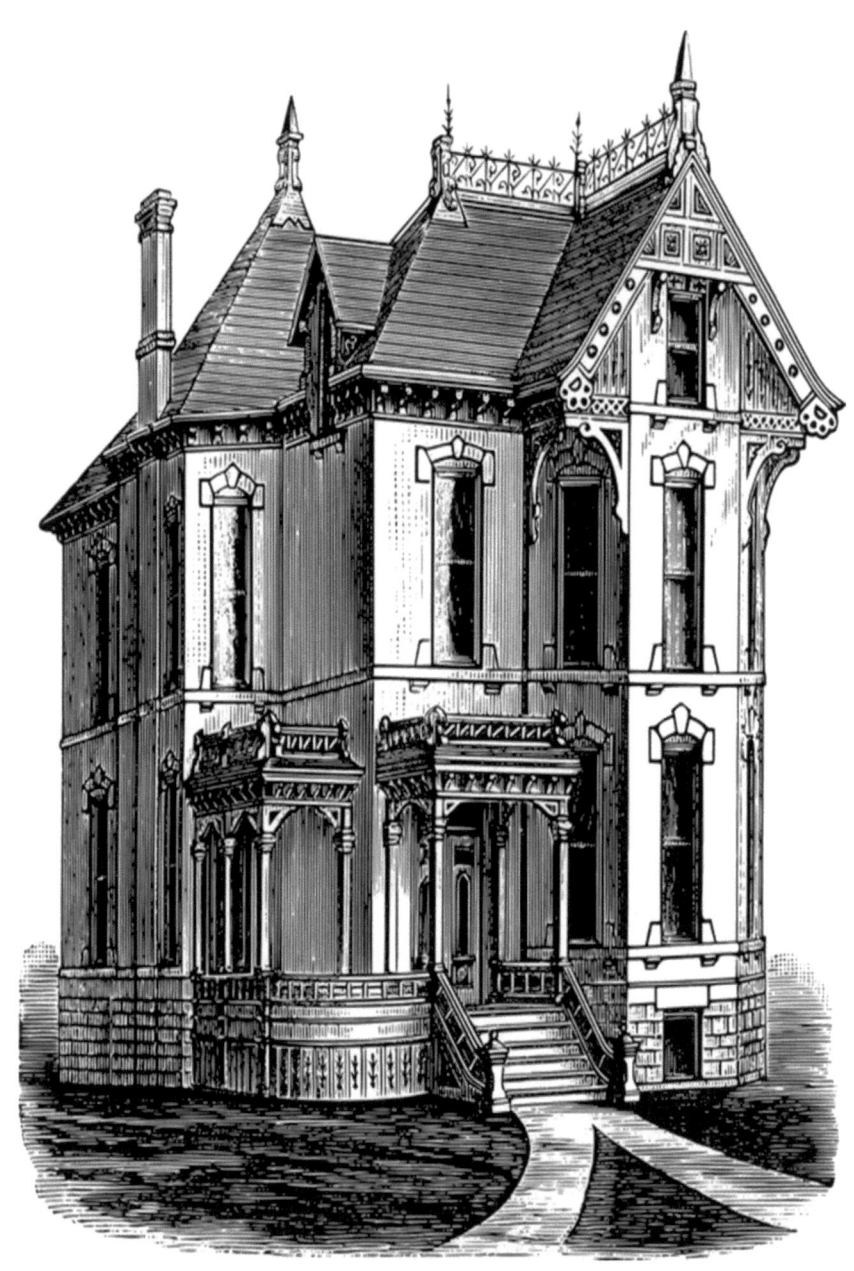

Heimat

Heimat, die verbindet,
Vertrauen nie schwindet.
Gemeinsame Stärke,
für gesellschaftliche Werke.

Hoffnung für das Vaterland,
zusammen gehen, doch nicht am Rand.
Menschen, die für etwas stehen,
gemeinsam in eine Richtung sehen.

All das hat einen Sinn im Leben,
denn nur zusammen können wir Großes bewegen.

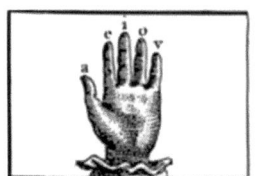 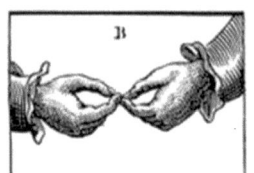 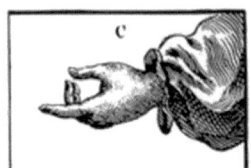

 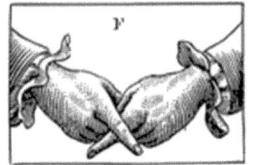 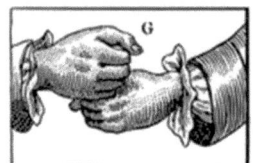

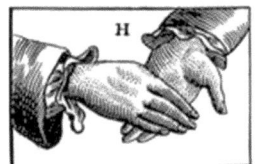 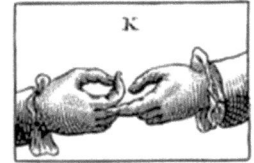 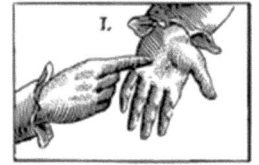

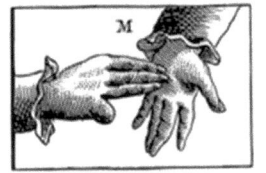  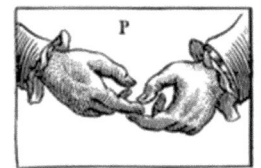

 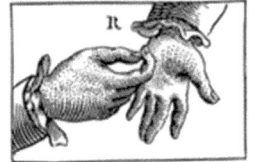 

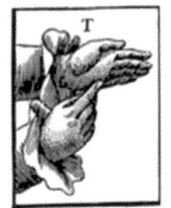    

Hand in Hand

Kraft und Stärke,
große Werke.
Steiermark ist unser Land,
Bürger zu Bürger,
Hand in Hand.

Lasst uns gemeinsam etwas bewegen,
immer wieder zusammenstehen.
Keiner sollte das Volk spalten,
das Leben vielmehr selbst gestalten.

Demokratie und Freiheit sei gegrüßt,
ohne, dass du dich durch das Leben mühst.

22

Gemeinsam

Lasst uns noch einiges bewegen,
gemeinsam für etwas stehen.
Lasst uns zusammen etwas erzählen,
ohne die Mitmenschen zu quälen.

Lasst uns gemeinsam stark werden,
neue Mitglieder ehren und werben.
Kämpfen wir zusammen,
trotz Entfernung sind wir beisammen.

Lasst uns stehen für die Heimatpartei,
denn erst wenn wir am Ziel sind,
fühlen wir uns wirklich frei.

24

Parteitag

Heute sind wir als Freunde hier,
es steigen der Informationsfluss und die Wissensgier.
Dazu gehören Begrüßung aber auch Totengedenken,
wir ihnen kurze Zeit die Stille schenken.
Berichte und auch Ehrungen,
politische Bekehrungen.

Wahlen und Stimmen,
bei der Landeshymne mitsingen.
Zum Schluss noch nette Worte,
Menschen mit Hoffnungen gehören zu unserer Sorte.
Viele Ansprachen werden vorgenommen,
die Menschen im Raum sind sich gut besonnen.

Wir stehen hier, einer für alle, alle für einen,
lachen zusammen anstatt zu weinen.
Lasst uns weiterhin zusammenstehen
und gemeinsam in die gleiche Richtung gehen.

Wasser

Wolken, Gewitter und Regen,
für alle von uns ein Segen.
Das Wasser hält uns am Leben,
ohne würde es uns nicht geben.
Gepriesen seist du,
ich schaue dem fließenden Gewässer zu.

Wenn uns der Durst quält,
jeder auf das Wasser zählt.
Sogar die Tiere erfreuen sich daran,
die Frage ist nur noch wie lang?
Nicht nur die Wiesen, Äcker und Felder,
das Wasser brauchen auch die Wälder.

Deswegen lasst uns mit Wasser behutsam umgehen,
den Wasserhahn nicht verschwenderisch aufdrehen.
Denn wer weiß, wie lange wir es noch trinken können,
wo wir das Wasser jedem Menschen gönnen.
Vielleicht reicht das Wasser bald nicht mehr
und die Wasserspender sind alle leer.

Mein Garten

Ich sitze gerne im Garten,
um nicht aus dem Gleichgewicht zu geraten.

Ich spüre Wohlbefinden und Ausgeglichenheit,
keine Spur von Einsamkeit.
Die Wiesen, die Blumen lachen mich an,
ich mal ganz „Ich" sein kann.

Den Augenblick genießen,
mit Ruhe und Stille die Hektik begießen.
Die Seele einfach mal baumeln lassen,
ohne Trübsal zu blasen.

Kraft und Energie tanken,
in Gedanken - Luftschlösser schwanken.
All das gibt mir die Zeit im Garten,
deswegen kann ich den Sommer kaum noch erwarten.

Kraft durch Gott

Nicht aufgeben, das ist mein Ziel,
ich habe mit dem lieben Gott einen „Deal".
Annehmen was kommt,
lösungsorientiert, schnell und prompt.

Träume wachsen lassen,
Menschen, die mir Unrecht taten, nicht hassen.
Sein, wie ich bin,
nachdenken über das Dasein und den Sinn.

Abends die Familie in mein Gebet einschließen,
Tränen nicht unterdrücken, alles soll frei fließen.
Die Freude jeden Tag erkennen,
für die bedingungslose Liebe jeden Tag brennen.

Lieber Gott,
mit diesen Zeilen bitte ich dich um Gnade,
gib mir Kraft, an jedem Tage.

Ein neuer Tag

Morgens durch die Sonnenstrahlen erwacht,
an den Frühling habe ich gedacht.
Die Sonne strahlt Wärme aus,
zieht die Menschen aus den Häusern raus.

Wiesen, Blüten und Blumen,
die Hummeln brummen, die Bienen summen.
Die Natur in vollem Glanz,
die Wolken im Himmel wie ein Kranz.

Um all das zu sehen,
gehe vorwärts und bleibe nie stehen.
Nimm dir jeden Tag ein wenig Zeit,
denn die Welt hält viel Schönes für dich bereit.

34

Guten Morgen

Ein echtes Vergnügen,
sich morgens den steifen Gelenken fügen.
Ein Blick zum Fenster, zur Sonne,
mein Körper schwerer als eine Tonne.

Das Kribbeln der Füße am Boden,
farbenfrohe Wäsche aus den Kommoden.
Ganz rasch ziehe ich mich an,
putzen und waschen, mache ich dann, wenn ich kann.

Zuerst genieße ich meinen Kaffee
und später noch einen Tee.
Ich nehme die Tasse in die Hand,
denn ich habe diesen wunderschönen Tag
von Anfang an erkannt.

Kostbare Zeit

Ich hoffe, meine Pechsträhne hat bald ein Ende,
und es kommt eine positive Wende.
Ich werde meine eigenen Wege gehen
und mir selbst nicht im Wege stehen.

Ich weiß, ich kann noch ganz viel schaffen,
vor allem viele verrückte Sachen.
Ich lebe jetzt, weil die Zeit so schnell vergeht,
ein Jahr nur aus 365 Tagen besteht.

Deswegen genieße ich das Leben,
denn Gott hat mir die kostbare Zeit gegeben.

Das Alter

Die Jahre vergehen,
im Spiegel kann man das Älterwerden sehen.
Am Kopf nur mehr wenig Haar,
grauer werden sie, Jahr für Jahr.

Viele Widerstände wurden überwunden,
Schmerzen der Enttäuschung teilweise verschwunden.
Die Kinder sind groß,
die Enkelkinder sitzen nun auf dem Schoß.

Die Enkel aufwachsen zu sehen,
das bereichert unser Leben.
Im Alter wird man bequemer,
die Stunden der Besuche werden kürzer aber schöner.

Die Zeit im Alter einfach bewusst erleben,
denn das ist der Sinn im Leben.

Berge

Eine Wanderung auf die Berge,
die Täler wirken wie Zwerge.
Ein Käsebrot auf der Almhütte,
es schmeckt köstlich, ach du meine Güte!

Gute Unterhaltung, liebe Leute,
das gibt es sehr selten heute.
Man genießt die Natur,
folgt den Wegen, der Spur.

Geist, Körper und Seele sind frei,
die Bewegung trägt zur Gesundheit bei.
Abends wieder runter ins Tal,
bei dem Gedanken wird der Abstieg zur Qual.

Viel lieber würde ich zum Ursprung zurück,
denn ich bin von den Bergen entzückt.
Deswegen plane ich eine neue Route
und mir kommt bald ein schöner Tag zugute.

Die Tenne

Früher in der Tenne,
ich habe getanzt wie eine Henne.
So gedreht habe ich mich schon lange nicht mehr,
meine Füße flogen einmal hin, einmal her.

Zwischendurch einen Schnaps an der Theke,
der Kellner mit zwei Promille immer noch lebte.
Bis in die Morgenstunden war ich fort,
die Tenne in meiner Jugend: ein anziehender Ort.

Viele Leute wurden zu Geliebten,
zu später Stunde sie sich aneinander schmiegten.
Ab und zu gab es morgens ein neues Liebespaar mehr,
all das liebte ich an der Tenne so sehr.

Schutzengel

Lieber Schutzengel, du bist mein,
bitte schließe mich in dein Gebet mit ein.
Unterstütze mich in meinem Tun,
lasse meine Ideen nie ruhen.

Beschütze meine Familie,
bleibe mir treu bei meiner Linie.
Geht es mir nicht gut,
bitte gib mir wieder Mut.

Lieber Schutzengel,
halte deine Hände über mich,
darum bitte ich dich,
pass auf, auf mich!

Blumenwiese

Die Frühlingswiesen erblühen Jahr für Jahr,
die Blumenpracht finde ich wunderbar.
Die Blüten so farbenfrohes Gezier,
daran erfreut sich Mensch und Tier.

Bis abends genieße ich Gezwitscher und die Summerei,
denn in der Nacht ist es wieder vorbei.
Viele Menschen wollen einen gepflegten Rasen,
doch meine Blumenwiese sollte nie verblassen.

Musik vereint

Der Musikverein im kleinen Steirerland,
bei den Einheimischen schon sehr bekannt.
Die Mädchen und Buben in Tracht,
das Leder und die Stoffe eine Farbenpracht.

Lieder über Freunde, Heimat, Liebe und Einsamkeit,
Strophen von Natur, Bruderschaft aber auch Leid.
Die Stimmen so manch Liebe im Herzen erweckt,
ab und zu ein neues Mitglied als Sänger entdeckt.

Zuvor verärgerte Gesichter zeigten sich abgewandt,
doch durch die Musik gaben sie sich nachher die Hand.
Die Musik erweicht die Menschenherzen,
manche vergessen dabei sogar ihre Schmerzen.

Lasst die Musik Teil unseres Lebens werden
und uns selbst wunderschöne Momente bescheren.

Mein Tag

Die Sonne sich morgens erhebt,
das Naturspiel im Morgengrauen lebt.
Aufstehen, ein Blick in die Natur,
da kommt die Lebenslust pur.

Mit einer Tasse Kaffee kann der Tag beginnen,
in der Stille hörst du die Vögel singen.
Ganz in der Nähe läuten die Kirchenglocken,
dein Blick senkt sich auf die selbstgestrickten Socken.

Voller Energie und Kraft voraus,
so verlasse ich heute das Haus.

Bauernhaus

Meist das halbe Haus als Wohnung genutzt,
der zweite Teil mit Mist und Gestank beschmutzt.
Das war im Stall und in der Scheune normal,
die Gänge zeichneten sich recht schmal.

In der Mitte gab es die Feuerstelle,
das Wasser holte man aus der Quelle.
Die Häuser schlicht und ganz einfach eingerichtet,
bis auf zwei Malzeiten am Tag,
wurde auf vieles verzichtet.

Die Eltern schliefen auf Pritschen aus Brettern,
die Kinder auf Stroh, gemischt mit Blättern.
Die Kleinen behütete das Schafsfell,
durch die Feuerstelle war es trotz Dunkelheit hell.

Obwohl sie nicht viel hatten, waren sie glücklich,
jede Familie nahm auf die anderen Rücksicht.
Ein armes Leben und doch befreit,
trotz allem hatten sie eine sehr schöne Zeit.

Arbeitsleben

Die Arbeit begann bei Sonnenaufgang,
zuvor jeder eine gute Mahlzeit bekam.
Im Frühjahr bestellten die Bauern ihre Äcker,
trotz der vielen Arbeit gab es kein Gemecker.
Sie pflügten und säten aus,
bei der Ernte kam viel Gutes heraus.

Die Ernährung war einseitig und einfach,
ohne Nahrung wurden die Menschen schwach.
Natürlich gab es Fleisch, Milch, Eier und Kohl,
durch gutes Essen fühlten sich die Menschen wohl.

Aus dem Getreide ließen sie Brot im Ofen backen,
in der Zwischenzeit strickten die Mütter Wolljacken.
Zu den Getränken zählten Molke, Bier und Wein,
für die Gesellschaft war das sehr fein.

Ein Fest für die Dorfgemeinschaft galt als Segen,
denn es war eine Abwechslung zum harten Leben.

Bürgermeister

Ein guter Bürgermeister zu sein,
da zählen andere Werte, nicht groß oder klein.
Er ist der Repräsentant der Bürger und Bürgerinnen,
der Charakter sollte bei ihm stimmen.
Ein enger Bezug zur Heimat ist nicht schlecht,
natürlich wäre das den Bürgern recht.
Dadurch kann er Veränderungen leichter sehen,
für die Heimatgemeinde wird er mehr tun und geben.
Ausgezeichnet in seiner Persönlichkeit,
das Verbindungsglied bei Leid, Neid und Streit.

Ein guter Bürgermeister sollte Zeit
mit den Bürgern verbringen,
durch Vertrauen bekommt er vom Volk die Stimmen.
Er vertritt die Bürger nach außen,
stellt Missstände ab,
erzählt Probleme nicht nach draußen.
Bürgernähe und ein offenes Ohr,
bei den Veranstaltungen ein guter Moderator.

All das zeichnet einen guten Bürgermeister aus
und die Bürger freuen sich durchaus.

Stammtisch

Ein Stammtisch mit lieben Leut´,
das ist gar nicht mehr so gängig heut.
Doch was gibt es Schöneres als eine Gruppe,
die Gespräche wie in einer Selbsthilfegruppe.

Der Mittelpunkt ist die Geselligkeit,
im Vordergrund stehen Spaß und gemeinsame Zeit.
Es wird gespielt, gelacht und diskutiert,
wo sich keiner für den anderen geniert.

Ehrlichkeit, Treue und Zusammenhalt,
der Sinn dahinter ist schon steinalt.
Freundschaften werden gehegt,
alte Bekanntschaften gepflegt.

Natürlich darf das Stammtischschild nicht fehlen,
das Maskottchen am Tisch darf keiner stehlen.
Manchmal kommt noch ein Foto an die Wand,
die Bürger in der Gemeinde gut bekannt.

Meistens ist es zum nächsten Stammtisch nicht weit,
wie schön ist doch, die gemeinsame Zeit.

Die Mur

Im Murtörl in der Schmalzgrube entsprungen,
bis Slowenien, Kroatien und Ungarn durchgedrungen.

Sie bildet die Grenzen zu den Staaten,
mittlerweile schon fast in Vergessenheit geraten.
Früher zählte sie zum schmutzigen Gewässer,
heute ist die Wasserqualität sehr viel besser.
Zahlreiche Wasservögel siedeln sich nieder,
zum Stauraum – Gralla kommen sie immer wieder.
Schwäne, Reiher und Enten,
sie sich zuvor immer trennten.

Manchmal bekommt man einen Eisvogel zu sehen,
man muss halt mit offenen Augen am Ufer gehen.
Der Anblick der Mur vertreibt mir jeden Verdruss
und es folgt immer ein Schnappschuss.
Es kommen Kindheitserinnerungen hoch
und das nach so vielen Jahren immer noch.

Rotkäppchen

R   Rot - Weiß – Rot.

O   Ob die Liebe reicht bis in den Tod?

T   Trauer, Schmerz hat viele erwischt.

K   Kraftlose Menschen, das Herz sticht.

Ä   Ängste werden mehr.

P   Politik reine PR.

P   Paare am Verzweifeln,

C   Chancen und Glück nicht jeden streifen.

H   Hoffen auf bessere Zeiten.

E   Ehrliches Volk, viele Pleiten.

N   Normalität, die Welt ganz still,
               alles wird gut, so Gott will.

Kirschbaum

Ich liege unter dem Kirschenbaum,
die weißen Blüten in der Luft wie ein Wintertraum.
Ich könnte dort Stunden verweilen,
deswegen möchte ich meine Gedanken mit euch teilen.

Ab und zu eine Kirsche essen,
ohne sich zu stressen.
Der Kirschbaum ist schon sehr alt,
er gibt mir ein Stück Wald.

Manchmal hole ich mir Kraft von ihm,
den leichten Wind lasse ich vorüberziehen.
Diese Ruhe ist für mich ein wertvoller Schatz,
denn der Kirschbaum ist mein Lieblingsplatz.

Natur

Wenn die Blumen auf den Wiesen sprießen,
wenn im Wald die Bächlein fließen.
Genau dann, habe ich an die Natur gedacht,
sie leuchtet in voller Pracht.

Wenn die Sonnenstrahlen die Haut erwärmen,
wenn die Menschen vom Urlaub schwärmen.
Genau dann, habe ich an Auszeit gedacht,
wenn die Sonne mit mir lacht.

Wenn mir alles zu viel wird,
wenn mein Körper auf Stress reagiert.
Genau dann mache ich eine Tour.
Der Wald zu mir spricht, zurück zur Natur.

Stille Freude

Die Blumen blühen in den Feldern, im Flur,
die Sonne strahlt, es zieht mich raus in die Natur.
Die Sehnsucht der Heimat, mein Fleisch, mein Blut,
ein Spaziergang im Wald tut mir gut.

So vieles gibt uns die Natur,
der Winter verlässt die mit Schnee bedeckte Spur.
Die Natur beruhigt und drängt sich nicht auf,
deswegen gehe ich so gerne die Berge rauf.

Die Stille des Waldes lass ich in mein Herz,
dabei vergeht jeglicher Schmerz.
Diese Momente schließe ich in meinem Herzen ein,
sie sollen mir auch im Alltag eine stille Freude sein.

Schneeglöckchen

Jedes Jahr kann ich es kaum erwarten,
wenn die Schneeglöckchen blühen im Garten.
Ganz demütig erheben sie ihre Köpfchen,
sie strecken sich nach jedem Wassertröpfchen.

Es ist so wunderschön, sie anzusehen,
wenn sie ihre Köpfe zur Sonne drehen.
Ab und zu deckt sie der Schnee noch zu,
so schlafen sie in stiller Ruh.

Am liebsten wachsen die Blumen in Gemeinschaft,
eines gibt dem ander`n viel Kraft.
Ich erkenne die Schneeglöckchen an ihrem Duft
und weiß, der Frühling liegt in der Luft.

Gutes Herz

Ich bin bereit, dich zu begleiten,
den letzten Weg mit dir zu bestreiten.
Lass den Alltag los, du musst an nichts denken,
ich versuche deine letzten Minuten zu lenken.

Zuvor hast du schon Versöhnungsgespräche geführt,
die kältesten Herzen dabei berührt.
Gehe mit gutem Gewissen,
sei nicht traurig oder verbissen.

Du hast an Gott geglaubt,
deiner Familie ein Leben lang vertraut.
Nun hast du es bald geschafft,
einige Sekunden noch, ich gebe dir die Kraft.

Hab keine Angst, ich werde für dich beten,
jetzt kannst du deine Reise in den Himmel antreten.
Von oben reichst du mir die Hand,
denn dein gutes Herz habe ich von Anfang an erkannt.

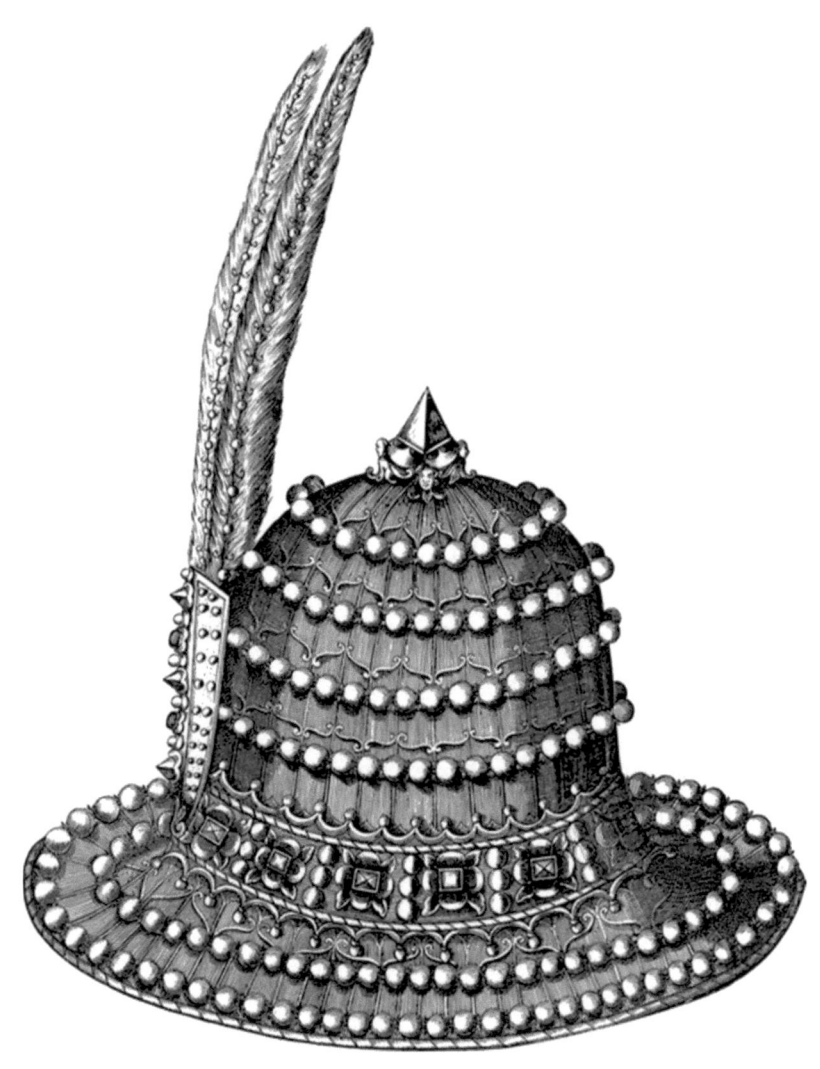

Schön, dass es Euch gibt

Wenn der Hut brennt,
sich die Familie schon lange kennt.
Ja genau dann sind wir alle da,
das finde ich einfach wunderbar.

Zusammen halten in schwierigen Zeiten,
einen lieben Menschen zum Himmel begleiten.
Da kann sich keiner von uns beklagen
und dafür möchte ich Euch
ein großes Danke sagen.

Schön, dass es Euch gibt ❤

Familie

Heute bin ich aufgewacht,
ein Blick zum Fenster, die Sonne lacht.
Frisch und munter,
frage ich mich, wie wird die Welt noch bunter?

Da fällt mir die Antwort gleich ein,
ich organisiere ein schönes Beisammensein.
Die Familie um mich zu haben,
sich zu drücken und ein „Hab dich lieb" zu wagen.

Solche Momente gehören zu den wertvollsten Tagen,
wo sogar traurige Gesichter nicht verzagen.
Die Familie gibt mir Hoffnung und Mut,
das tut einfach gut.

Lasst uns viel Zeit mit unseren Liebsten verbringen
und unser Leben von der Liebe bestimmen.

Kirchenglocken

Die Kirchenglocken läuten ganz laut
und immer wieder klingen sie vertraut.
Ich sehe wie die Glocken schwingen,
höre einen Chor mit wunderschönen Stimmen singen.

Vor Neugier trete ich in die Kirche ein,
bewundere aus der Ferne den Heiligenschein.
Ein Gottesdienst, welcher erinnert an unsere Kindheit,
ganz unbeschwert ohne Schmerzen und Leid.

Als Abschluss sehe ich mir noch das Krippenspiel an.
Es ist schön,
dass ich mich heute noch daran erinnern kann.

Das Dorf

Das Dorf liegt ganz allein und abgelegen,
manchmal gibt es Sonnenschein, Wind oder Regen.
Die Arbeit ist schwer, sie kostet viel Kraft,
manche Arbeiten erledigen wir in Gemeinschaft.

Wasser und Holz bringen uns den Wohlstand,
die Wirtschaft lebt und das ist gut für unser Land.
Ist die Arbeit erledigt, treffen wir uns im Gasthaus,
Probleme diskutieren wir einfach aus.

Natürlich ist der Kirchgang am Sonntag Pflicht,
denn diese Stunde gibt uns Kraft und Licht.
Danach gehen wir friedvoll nach Hause,
essen mit der Familie die Sonntagsjause.

Diese Tradition tut uns gut
und gibt uns allen wieder Mut.

Schmied

Die Verarbeitung von Eisen war nicht immer leicht,
nicht jedes Schmuckstück dem anderen gleicht.
Die Auswahl des Schmied´s war groß,
manchmal ging es die Nacht durch, atemlos.
Ideen für Löffel, Messer und Waffen gab es genug,
manchmal tauschte der Schmied die Produkte für
einen Krug.

Die Arbeit zählt zu dem ältesten Handwerk,
andere vollbrachten die Arbeitszeit am Berg.
Ob es die Gold- oder Silberschmiede war,
fast jeder zu einem Schmied aufsah.
Doch was vom alten Schmiedehandwerk über blieb,
das sind die Antiquitäten, die es heute noch gibt.

Schmetterlinge

Sie fliegen so schnell und frei,
flattern bei mir ganz leise vorbei.
Ich bewundere ihre bunten Flügel,
ganz weit weg, sehe ich sie noch auf dem Hügel.

Die Schmetterlinge geben mir ein so schönes Gefühl,
leider gibt es von ihnen nicht mehr so viel.
Sie erscheinen in wundervoller Pracht,
beim Anblick das Herz von innen lacht.

Von den vielen Farben, wie ein Engel umhüllt,
sein Leben scheint sehr ausgefüllt.
Langsam entfernt sich der Schmetterling von mir,
ich halte ihn noch lange im Visier.

Auf einmal kann ich ihn leider nicht mehr sehen,
doch durch den einen Schmetterling werden wieder
Neue entstehen.

Dorfkind

Ich bin stolz ein Dorfkind zu sein,
mein Herz ganz unbescholten und rein.
Ich schaue den Kühen auf der Weide zu,
egal welche Sorgen ich habe, hier komme ich zur Ruh´.
Beim Glockenschlag steht das Essen auf dem Tisch,
mal gibt es Fleisch oder auch Fisch.
Nach der Mahlzeit noch eine Traktorfahrt,
wobei sich der Bauer beim Arbeiten einige Meter
erspart.

Ab und zu trifft man ein Dirndl auf dem Weg,
wo man mit lieben Worten die Nächstenliebe pflegt.
Die Blumen erstrahlen lieblich und bunt,
bei den Gewässern sieht man bis zum Grund.
Langsam neigt sich der Tag zu Ende,
im Wirtshaus schütteln sich die Menschen die Hände.
Bald kommt der Sonnenuntergang,
vielleicht bleibt noch Zeit für einen Waldspaziergang.
All diese Momente, ich mit dem Dorfleben verbind´,
in die Heimat verliebt ist das Dorfkind.

Blumenfrau

Am Markt habe ich die Blumenfrau gesehen,
von Rosen, Stiefmütterchen und Löwenzahn umgeben.
Der Holzwagen wunderschön geschmückt,
die Blumensträuße zart gebunden und selbst gepflückt.

Die Blumen stimmen uns fröhlich zu jeder Zeit,
vertreiben Kummer und Leid.
Die Blüten zu verschiedenen Jahreszeiten blüh´n,
im Winter zeigt die Frau ihren Wagen mit Zweigen
und sattem Grün.

Egal bei welchem Wetter, Regen oder Wind,
muss man sich eingestehen,
wie schön ihre Blumen sind.
So zieht sie weiter durch das Land
und deswegen ist die Blumenfrau auch so bekannt.

Das alte Leben

Früher lebte man bescheiden,
nicht nur Tiere verbrachten viel Zeit auf den Weiden.
Es war eine ruhige Zeit,
doch auch sehr oft geprägt von Leid.
Nichts desto trotz hielten die Menschen zusammen,
sie in ihren Häusern gemeinsam schöne Lieder sangen.

Die Nachbarn reichten sich die Hände,
doch irgendwann kam die Wende.
Stress, die Zeit dreht sich so schnell,
die Menschen mit sich selbst im Duell.
Wenig Ruhe, keine Zeit mehr um nachzudenken,
keine freie Minute um sich abzulenken.

Viele Leute hält das Hamsterrad fest,
für viele Familien ein Test.
Alte Menschen wünschen sich das alte Leben herbei,
denn trotz viel Leid, waren sie glücklich und frei.

Maria

Maria auch als Mutter Jesu bekannt,
so manch einer den Glauben in ihr fand.
Nicht nur im Dorf Nazareth verehrt,
sie ist auch heute noch sehr begehrt.

Maria erfreut sich großer Beliebtheit,
kein Platz für Neid, Streit und Leid.
Zu ihren Ehren gibt es Gedenktage,
mit Göttlichem verglichen, keine Frage!

Maria, in das Rosenkranzgebet mit einbezogen,
die Gebetskette zu einem Kreis gebogen.
Vertreten in tausend Fotos und Bildern,
ihre Schönheit kann keiner schildern.

Bei ihrem Anblick neigt sich der Mensch mild
und trägt im Herzen Mutter Jesu als Bild.

Nähmaschine

Das Nähen per Hand hatte eine lange Tradition,
der Beruf des Schneiders brachte guten Lohn.
Trotz der Liebe zur Handarbeit,
ersetzte die Nähmaschine die Nadel nach einer Zeit.
Die erste Maschine für den Schuhmacher hergestellt,
dem normalen Volk fehlte es an Geld.

Ob Howe, Isaac oder Singer,
der Zeitaufwand war viel geringer.
Die Schneider nähten Kleider oder einen Hut,
durch die Nähmaschine, fand man keinen Tropfen Blut.

So setzte sie sich auf der ganzen Welt durch,
für Anfänger war es ein Versuch.
Das Fußpedal musste man fest betreten,
bis heute sind die Maschinen in Haushalten vertreten.

Es war die Nähmaschine und die Kleidungsstücke,
die schon viele Menschen entzückte.

Weinbauer

Trauben, ob gelb, grün oder rot,
sie bringen dem Weinbauer mehr Geld als Not.
Die Herstellung vom Wein erfolgt im Keller,
bei einigen Gläsern wird der Geist schnell heller.
Zuerst werden die Trauben abgebeert,
was vielen Menschen eine kleine Zwischenmahlzeit
beschert.

Das Obst von der Mühle zerdrückt,
so manch einer schaut von der Maische bedrückt.
Das Gemisch gönnt sich eine Rast,
ohne dass die Maische erblasst.
Ein wenig Zucker kann nicht schaden,
dadurch beginnt alles noch mehr zu garen.
Der Alkoholgehalt steigt an,
der Geschmack zieht die Menschen in den Bann.

Anschließend noch im Kelter gepresst,
viele Weinbauern verzichten auf einen Test.
Die Winzer sind überzeugt und haben es erkannt,
denn der gute Wein kommt nur aus eigener Hand.

Handwerk

Durch die Hände verdienen sie den Lohn,
von manchen verspottet und belächelt mit Hohn.
Ob Fleischer, Schuhmacher oder Bäcker,
sie zählen zum Handwerk wie der Dachdecker.
Früher konnten die Menschen fast alles bauen,
das würde sich heute fast keiner mehr trauen.
Das Handwerk ist heute noch gefragt,
sich die Gesellschaft über zu wenig Lehrlinge beklagt.
Viele Berufe sind schon ausgestorben,
in einigen Sparten wird jedoch sehr oft geworben.

Die jungen Leute lieber die leichte Arbeit wählen,
bevor sie sich mit dem schweren Handwerk quälen.
Das Handwerk war schon immer für die Ewigkeit,
keiner schämte sich vor dreckiger Arbeit.
Deswegen sollten wir das Handwerk schätzen,
die Arbeiter nicht hetzen.
Mit diesen Zeilen möchte ich euch Handwerker sagen,
Respekt, dass manche noch das Handwerk wagen.

Regen

Endlich ist es wieder kühl,
das Wetter war immer so schwül.
Die Regentropfen prasseln von oben,
der Himmel tobt, die Wolken verschoben.

Es ist schön zuzusehen,
wenn die Regentropfen auf der Erde zergehen.
Die frische Luft tut so gut,
die Seele ist frei und ganz ohne Wut.

Am liebsten würde ich im Regen tanzen
und noch ganz viele Blumen pflanzen.
Damit ich ihnen zusehen kann,
den Regen aufsaugen wie ein Schwamm.

Die Blumen werden sich darüber nicht beschweren,
denn ohne Regen würden sie verderben.
Und deswegen liebe ich den Regen,
denn er ist auch für uns Menschen ein Segen.

Das Alter spielt keine Rolle

92 Jahre bin ich bald,
doch ich fühle mich noch immer nicht alt.
Mein Gehirn ist nicht mehr so fit,
doch meine Füße tun noch wunderbar mit.
Eine Operation rüttelte mich wieder wach,
das Leben geht weiter,
dass ich nicht lach.

Mit Schmerzen bin ich wieder aufgestanden,
was alle um mich sehr unglaublich fanden.
Deswegen lebe dein Leben auch nach
Rückschlägen positiv weiter,
denn lässt du dich gehen,
bleibst du ewig Zweiter.

So hast du einen schönen Lebensabschnitt
und hältst mit dieser Einstellung bei
den Jungen noch mit.

Das alte Leben

Die Großeltern erzählen uns von einem anderen Leben,
von Zusammenhalt, ein Nehmen und Geben.
Sie waren glücklich und frei,
wünschen sich ganz oft dieses Leben wieder herbei.

Doch jeder Mensch muss in dieser neuen Zeit leben,
wer weiß, wie es wir im Alter mal sehen.
Deswegen genieße jeden wunderschönen Moment,
wo dich Zufriedenheit vom Herzen nicht trennt.

Es gibt Dinge im Leben, sie sollten nicht sein,
das Leben bedeckt von einem grauen Schein.

Und weil sich auf dieser Welt alles so schnell dreht,
lebe, lache und liebe den Augenblick,
denn dafür ist es nie zu spät.

Frühling

Die Blätter fliegen durch die Luft,
der Wind bringt uns zarten Frühlingsduft.

Wir atmen ganz tief ein,
der Wald, die Bäume machen unsere Seele rein.

Wir tanken ganz viel Energie
und genießen das Leben in der Natur mit Harmonie.

Das Bächlein

Ich höre das Wasser am Wegesrand,
das kleine Bächlein voll mit Steinen und Sand.

Meine Hände forme ich zu einem Herz,
ein Schluck kaltes Wasser auf meinen Zähnen
schmerzt.

Ich genieße jeden Schluck Wasser sehr
und ich weiß, ich komme noch ganz oft hier her.

Das Leben

Das Leben ist oft wie ein Gedicht,
manchmal reimt es sich
und manchmal nicht.

Es kann in unserem Leben nicht nur Reime geben,
denn dafür musst du das ganze Gedicht
auch sehen.

Deswegen nimm auch Unstimmigkeiten
in deinem Leben an,
denn der Reim kommt wieder von selbst; irgendwann.

112

Wie die Zeit vergeht

Die Zeit vergeht viel zu schnell,
das Alter, die Zeit sind wie ein Duell.
Die Kräfte schwinden,
jeder würde sich gerne in der Jugend wieder finden.

Deswegen sollten wir jede Minute genießen,
offen durch das Leben gehen,
ohne uns zu verschließen.
Das Alter akzeptieren,
sich nicht nur auf die Schönheit
und das Aussehen fixieren.

Doch das Wichtigste sind die besonderen Erlebnisse,
denn sie bringen dir im Alter
die besten Ergebnisse.

Meine Oma

Sie war schon alt aber sehr weise,
ihr Leben wie eine große Reise.
Sie schuftete ihr ganzes Leben,
sie liebte es zu "Geben".

Bei Problemen hatte sie immer einen Rat,
sie vollbrachte jeden Tag eine gute Tat.
Die Familie war ihr stets heilig,
sie hatte nie jemanden beleidigt.

Jammern, das kannte sie nicht,
helfen wo sie nur konnte, war ihre Pflicht.
Waren ihre Kinder traurig, spendete sie Trost,
mit einem Küsschen auf die Stirn wurden sie liebkost.

Gab es wenig zu essen, verzichtete sie,
Oma zauberte immer etwas, ganz egal wie.
Sie schaffte so viel in ihrem Leben,
eine Oma noch zu haben ist ein Segen.

Ich bin so froh, dass es die Oma gab,
ein Vorbild und mein Maßstab.
Keinen Wunsch habe ich ihr verwehrt,
sie aufgrund ihres Wesens stets verehrt.

Irgendwann ging sie dann fort,
sie wusste, auf sie wartet ein schöner Ort.
Nun sind Opa und Oma vereint,
beim Verabschieden haben viele geweint.

Mit diesen Zeilen möchte ich es wagen
und dir liebe Oma für all die Jahre danke sagen.

Allerheiligenstriezel

Der Allerheiligenstriezel wurde früher
Spitz oder Seelenbrot genannt,
das zopfgeflochterne Hefegebäck ist
schon lange bekannt.

Aus Mehl, Eiern, Hefe und Rosinen hergestellt,
gegessen nicht nur morgens, ja sogar am Feld.
Verfeinert mit Salz und Zucker,
der Zopf am Teller war ein echter Hingucker.

Der Allerseelenzopf wurde früher an
das Patenkind zu Allerheiligen verschenkt,
sodass man nicht nur an das Sparen denkt.
Manche verwendeten den Spitz als Liebesgabe,
wenn sich das Mäd´l freute, lachte auch der Knabe.

Für viele Menschen bedeutete der Striezel
auch Glück für das Jahr
und in der Antike verloren die Mädchen ihr
geflochtenes Haar.

So wurde die Trauer ausgedrückt,
die Mädchen waren damals davon nicht sehr entzückt.

Doch bis heute gehört der
Striezel zu unseren Traditionen,
es gibt ihn auf der ganzen Welt in den verschiedenen
Nationen.

120

Schule

Früher mal war die Schule nur für die Reichen,
mit Wissen konnte man viel Macht erreichen.
Es gab Tafeln statt Schreibwaren,
das berichteten uns die Vorfahren.

Über vierzig Kinder saßen in einem Raum,
die harten Holzbänke jedoch für viele ein Traum.
Die Buben auf der hinteren Bank,
die Leistung nach einer Weile stark sank.

Bei Fehlern mussten die Kinder an die Wand,
der Lehrer hatte meistens einen Stock in der Hand.
Waren die Kinder nicht artig, gab es einen Hieb,
bei der Bestrafung den Kindern der Atem wegblieb.

Das Klassenzimmer heizte man mit einem Ofen,
im Unterricht sangen die Kinder Liederstrophen.
Ob Rechnen, Schreiben oder Lesen,
die Knaben trieben gerne ihr Unwesen.

Es gab Extrastunden für die Schrift,
geschrieben wurde alles mit demselben Stift.
Die Eltern bezahlten auch ein Schulgeld,
oft arbeiteten sie dafür sehr lange auf dem Feld.

Der Weg zur Schule war weit,
es beanspruchte oft Stunden an Zeit.
Die Kinder kannten den Spruch, Wissen ist Macht,
deswegen lernten sie meistens bis in die Nacht.

Nachwort

Vielen Dank, dass Sie mein Buch gelesen haben. Ich hoffe, es hat Ihnen gefallen. Dieses Buch ist etwas Besonderes. Bei sehr vielen Gedichten konnte ich die innerliche Entschleunigung spüren und meine Gedanken waren ganz nah in einer anderen Zeit. Zurück zum Ursprung, so wie es früher einmal war.

Ich bin stolz auf das Ergebnis und froh, dass ich Ihnen den neuen Gedichteband präsentieren darf. Mittlerweile sind schon dreizehn Gedichte-Bücher sowie eine Geschichte nach einer wahren Begebenheit mit dem Titel – Tag X – Dreimal in Haft entstanden.

An dieser Stelle möchte ich mich bei meiner Lektorin, Frau Elisabeth Michl bedanken, die mich mit hilfreichen Anregungen und ihrer Geduld immer tatkräftig unterstützt. Dieser Rückhalt gibt mir sehr viel Kraft und motiviert mich weiter zu schreiben.

„Poesie muss man nicht lernen,
sie lebt im Herzen"

Nicole Sunitsch
St. Michael, November 2021

123

Bücher der Autorin

Nicole Sunitsch — Gedichte und Kurzgeschichten, die von Herzen kommen — Gedichte

Nicole Sunitsch — Gedichte und Zitate — Band 2

Nicole Sunitsch — Gedichte und Zitate — Band 3

Nicole Sunitsch — Gedichte — Engel — Band 4

Nicole Sunitsch — Gedanken — Band 5

Nicole Sunitsch — Liebesgedichte — Band 6

Nicole Sunitsch — Sprüche über das Leben — Leben · Bewegung · Tod · Krankheit · Freunde — Band 7

Nicole Sunitsch — Für meine liebe Mutter — Für kleines Dankeschön! — Band 8

Nicole Sunitsch — Denke positiv! — Gedichte — Band 9

Nicole Sunitsch — Trauergedichte und Trostgedanken — In liebevoller Erinnerung — Band 10

Nicole Sunitsch — Lebensgedichte — Band 11

Nicole Sunitsch — Gedichte und Sprüche zum Thema Freundschaft — Schön, dass es Dich gibt! — Band 12

124

Nicole Sunitsch

TAG X

von Andreas Stern

DREIMAL IN HAFT

Nach einer wahren Begebenheit

125

Links

https://nicolesunitsch.blogspot.com
https://www.amazon.de/s?k=B01N1Y3ZMB&rd=1&ref=lp_rd_SEARCH
https://www.pinterest.at/nicolesunitschs/
https://www.instagram.com/nicolesunitsch/
https://www.facebook.com/nicolesunitsch/
https://nicolesunitsch.jimdo.com/
https://funpot.net/entdecken/nur-nickname-GedichteNS/